Momoko und der Vogel

Bilder von Chihiro Iwasaki

Text von Christine Brückner

Peters Bilderbuch

Momoko langweilt sich.
Momoko mag nicht mit dem Teddybären spielen.
Obwohl es ein japanischer Teddybär ist,
sieht er aus wie alle Teddybären der Welt.
Momoko sagt ›Mein Bär‹ zu ihm,
weil der Teddybär ihr gehört.
Wenn sie ihn auf den Rücken legt,
brummt er wie ein Bär
und bleibt dann hinterher dumm und
stumm auf dem Rücken liegen wie ein Bär.
Wenn sie ihn auf einen Stuhl setzt,
sitzt er darauf wie ein Teddybär.
Du bist langweilig, Mein Bär! sagt Momoko.
Warum kannst du nicht laufen?
Warum kannst du nicht sprechen?
Du kannst nicht einmal von allein brummen!
Du bist langweilig, Mein Bär!
Ich wünsche mir einen Vogel, sagt Momoko,
einen Vogel, der nur für mich singt!

Momoko langweilt sich.
Momoko setzt sich vor das runde Wasserglas
und sieht dem Goldfisch zu,
der im Kreis herumschwimmt.
Weil der Goldfisch ihr gehört, nennt sie
ihn Mein Fisch.
Mein Fisch schwimmt und schwimmt.
Wenn Momoko an die Glaswand klopft,
macht er halt, reißt sein großes Fischmaul auf
und dann steigen Luftblasen auf wie Perlen.
Momoko horcht, aber sie hört keinen Laut.
Mein Fisch ist es gewohnt, immer rund-
herum zu schwimmen und ist zufrieden.
Aber Momoko ist unzufrieden.
Kannst du sonst nichts, Mein Fisch? fragt sie.
Kannst du nur im Kreis herumschwimmen?
Mein Fisch blickt Momoko aus einem
Auge an, atmet tief aus und läßt
eine wunderschöne Luftblase aufsteigen
und schwimmt weiter im Kreise herum
wie ein Goldfisch in einem Goldfischglas.
Du bist langweilig, Mein Fisch, sagt Momoko.
Du bist genauso langweilig wie Mein Bär!
Ich will einen Vogel haben,
der nur für mich singt.
Niemand soll es hören, nur ich!
Momoko will alles für sich allein haben,
und darum sagt sie:
Mein Stuhl, Mein Bett, Mein Bär, Mein Fisch.

Momoko läuft aus dem Haus
und läuft in den Garten.
Mein Vogel! ruft sie, Mein Vogel!

Es piept rechts im Gebüsch und links
im Gebüsch,
der Garten ist voller Vögel,
nur dort, wo Momoko hinläuft,
ist nie ein Vogel.
Sie springt und fällt und faßt zu:
einen blauen Vogel hält sie in der Hand,
aber als sie die Hand öffnet,
hat sie eine blaue Blume gefangen.
Momoko wirft die Blume weg,
einen Vogel, einen Vogel will sie fangen!
In der Ferne läuft Fumio vorüber,
Fumio mit seinem großen Hut.
Er wird ihr helfen, den Vogel zu fangen.
Mit einem großen Hut ist es ganz leicht.
Mein Fumio! ruft sie,
fang mir bitte einen Vogel.
Ich will einen Vogel haben,
der nur für mich singt.
Siehst du den roten Vogel, Fumio?
Fang mir den roten Vogel, Mein Fumio!

Mein Fumio jagt dem Vogel nach
rund um den Garten,
quer durch den Garten.
Er wirft seinen Hut über den Busch und ruft:
Ich hab ihn! Ich hab ihn!
Aber unter dem Hut brummt nur eine
Hummel.
Dort! ruft Momoko.
Hier! ruft Fumio.
Es ist unmöglich, einen Vogel zu fangen.
Fumio und Momoko geben es auf.
Fumio läuft fort, und Momoko bleibt allein.
Momoko ist ungeduldig.
Momoko ist unzufrieden.
Momoko langweilt sich.
Momoko geht traurig wieder ins Haus.

Während Momoko durch die Haustür geht,
fliegt der rote Vogel durchs Fenster
und setzt sich auf Momokos Stuhl.

Mein Vogel ! ruft Momoko, Mein Vogel !
Mein Bär ! Mein Fisch ! Mein Vogel !
Momoko ist glücklich.
Momoko langweilt sich nicht mehr.
Bleib bei mir, Mein Vogel ! Mein Vogel,
flieg nicht fort, Mein Vogel, sing !
Sing für Momoko !
Und da setzt sich der kleine rote Vogel
mitten auf Momokos Kopf.

Mein Vogel bekommt den schönsten
Käfig der Welt.
Er setzt sich auf die Schaukel
und schaukelt und singt.
Mein Vogel! Mein Vogel! ruft Momoko
und sperrt die Tür des Käfigs zu.
Momoko ist glücklich.
Aber Mein Vogel ist nicht mehr glücklich,
als er merkt, daß er eingesperrt ist
und nicht mehr davonfliegen kann.
Am ersten Tag flattert er hin und her
und verletzt sich die Flügel an den Stäben.
Am zweiten Tag hüpft er auf seiner Stange
hin und her und her und hin.
Und am dritten Tag sitzt er ganz still da.
Manchmal sperrt er seinen Schnabel weit
auf, aber Momoko hört keinen Ton.
Sie ruft: Sing doch, Mein Vogel, sing für
Momoko!
Sie bringt ihm Hanfkörner und frisches
Wasser, aber Mein Vogel will nicht trinken
und will nicht fressen und erst recht nicht
singen.
Er will nur eines: er will frei sein und
fliegen. Er will nicht ›Mein Vogel‹ sein.
Er will wieder ein Vogel unter anderen
Vögeln sein.

Am vierten Tag krallt sich der Vogel an
den Gitterstäben fest und rührt sich nicht
mehr. Seine blanken, roten Federn sind
grau und struppig geworden.
Momoko wird ganz traurig, als sie den
traurigen Vogel sieht.
Ach, Mein Bär! Ach, Mein Fisch! sagt
Momoko. Mein Vogel wird sterben, wenn
er nicht fliegen kann.
Was soll ich nur tun, damit er wieder singt?
Sie sitzt lange auf dem Boden und denkt
nach. Dann geht sie hin und öffnet das
Fenster und auch die Tür des Käfigs.

Mein Vogel, flieg fort! Sing wieder,
Mein Vogel! ruft Momoko ihm nach.
Und Mein Vogel fliegt davon,
frei wie ein Vogel in der Luft.
Er fliegt durch den Garten, er breitet seine
Flügel weit aus und legt sich auf den Wind.
Und der Wind trägt ihn über Wiesen und
Wälder, über Bäche bis hoch in den Himmel.
Und jetzt beginnt der Vogel wieder zu singen.
Die Welt ist grün und gelb und blau,
und die Brust des Vogels,
der nun nicht mehr ›Mein Vogel‹ heißt,
leuchtet wie ein roter Tupfen.
Momoko ist traurig, aber der Vogel ist glücklich.

Wieder sitzt Momoko auf ihrem Stuhl,
aber sie blickt nicht aus dem Fenster.
Sie hört Vögel auf der Fensterbank trippeln,
aber sie dreht sich nicht um.
Momoko ist traurig.
Mein Bär liegt in der Ecke auf dem Rücken.
Er nimmt alle Kraft zusammen und versucht zu brummen.
Mein Fisch schwimmt, so schnell er nur
kann, im Kreis herum und macht Blubb-blubb.
Aber Momoko kümmert sich nicht um die
beiden.

Immer mehr Vögel trippeln auf der Fensterbank, das Piepsen wird lauter,
ein Schnabel pocht an die Scheiben,
und jetzt dreht Momoko sich um:
Drei Vögel sitzen vor ihrem Fenster,
ein blauer Vogel, ein grauer Vogel und der
Vogel mit der roten Brust, der nicht Mein
Vogel sein wollte.
Momoko sitzt ganz still,
und der Bär bleibt still auf dem Rücken
liegen, und der Fisch hört auf, im Kreis zu
schwimmen, er macht nur noch einmal
Blubb-blubb.
Als es still geworden ist, fangen die Vögel
an zu singen.
Momoko geht zum Vogelkäfig, hakt die
Tür aus und wirft sie weg.
Jetzt ist es kein Käfig mehr.
Im Winter wird sie die Vögel draußen im
Garten füttern, und im Sommer wird sie
das Fenster weit öffnen.
Vielleicht kommt dann einmal ein Vogel
zu Besuch, ein blauer, ein roter oder ein
grauer, irgendein Vogel.

Von Chihiro Iwasaki, der unverwechselbaren japanischen Künstlerin,
gibt es weitere Peters-Bilderbücher über Momoko:
»Momokos Geburtstag« und »Momoko und Chibi«.
Außerdem, nach der Musik von Carl Maria von Weber, eine
Fantasie in Bildern: »Aufforderung zum Tanz«.

2. Auflage 1975
© 1972 by Dr. Hans Peters Verlag, Hanau, für die deutsche Ausgabe
© 1972 by Shiko-Sha Co. Ltd., Tokyo, für die Illustrationen
Alle Rechte dieser Ausgabe beim Dr. Hans Peters Verlag, Hanau
Originalausgabe herausgegeben von Shiko-Sha Co. Ltd., Japan

ISBN 3-87627-829-5
Printed in Japan